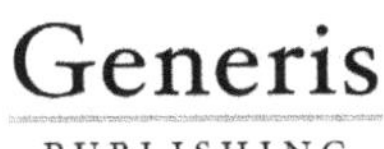

Generis

PUBLISHING

Ética, laicidad, secularización y ateísmo en la Educación Superior pública en México

Una visión antropológica y filosófica, entre otros

Prof. Uriel David Avilés Rangel

Copyright © 2025 Prof. Uriel David Avilés Rangel

Copyright © 2025 Generis Publishing

All rights reserved. This book or any portion thereof may not be reproduced or used in any manner whatsoever without the written permission of the publisher except for the use of brief quotations in a book review.

Title: **Ética, laicidad, secularización y ateísmo en la Educación Superior pública en México**

Una visión antropológica y filosófica, entre otros

ISBN: 979-8-89248-777-1

Author: Prof. Uriel David Avilés Rangel

Cover image: www.pixabay.com

Publisher: Generis Publishing
Online orders: www.generis-publishing.com
Contact email: info@generis-publishing.com

[1]**Ética, laicidad, secularización y ateísmo en la Educación Superior pública en México (una visión antropológica y filosófica, entre otros)**

Ethics, secularism, secularization and atheism in public Higher Education in Mexico (an anthropological and philosophical vision, among others)

Ciudad de México, 22 de abril de 2024

Uriel David Avilés Rangel

uaviles@upn.mx

udavilesr@gmail.com

---

[1] Profesor investigador. Universidad Pedagógica Nacional. Unidad 096 Norte CDMX.

Copyright@ Todos los derechos reservados.

Agradecimientos:

7

A mi hija, con el deseo de que esta obra sea un faro de inspiración que guíe sus pasos hacia la consecución de todos sus sueños.

A mi esposa, con todo mi amor, por ser mi compañera de vida y mi mejor impulso para seguir avanzando en mi crecimiento personal y profesional.

A mis padres por su inspiración y amorosa entrega a mi bienestar y formación.

A mis hermanos y hermanas por su generosa ayuda que ha sido fundamental para alcanzar mis metas.

A mi familia extendida, especialmente a Sandy por su generosidad y apoyo incondicional en todo momento.

A Rogelio Ríos Vera por su amistad y apoyo.

CONTENIDO

Resumen

Teóricamente, la importancia de éticas, en la educación superior. La laicidad de la sociedad permite un acercamiento a la democracia inclusiva, porque tiene su fundamento en las libertades de conciencia y religiosa.

En el decimonónico, surgió la educación superior pública sin teología, pero sí, la filosofía, y enseñanzas de éticas diversas, conservando las de las morales, con *piedras de toque* en las religiones.

Actualmente, la secularización, denota cierto "fracaso". En México, socialmente no terminada, suprime expresiones diversas con lo religioso; que hace de la postsecularización algo incidental, con la necesidad de un diálogo interreligioso e intercultural. El diálogo para una paz.

Palabras clave: Laicidad, Ateísmo, Educación, Antropología e Infinito.

Abstract

Theoretically, the importance of ethics in higher education. The secularity of society allows an approach to inclusive democracy, because it is based on freedom of conscience and religion.

In the nineteenth century, public higher education emerged without theology, but with philosophy and teachings of various ethics, preserving those of morals with touchstones in religions.

Currently, secularization denotes a certain "failure." In Mexico, socially unfinished, it suppresses diverse expressions with the religious; which makes post-secularization something incidental, with the need for an interreligious and intercultural dialogue. Dialogue for peace.

Introducción

Es importante tomar en cuenta, la necesidad de éticas laicas, porque si entendemos que, aunque la laicidad tiene varias formas de concebirse, ella tiene una concepción muy importante, que nos da (Blancarte, 2017) "… la laicidad supone la autonomía de lo político frente a lo religioso, independientemente de las diversas formas de relación entre el Estado y las Iglesias o convicciones religiosas institucionalizadas. Se puede, así, hablar de laicidad cuando existen estos tres elementos centrales en un determinado régimen: respeto de la libertad de conciencia, autonomía de lo político frente a lo religioso e igualdad de los individuos y sus asociaciones ante la ley, así como no discriminación (Blancarte, R :10).

La definición anterior, es muy importante para aspectos formales, pero como dice Poulat, palabras más palabras menos: "Una cosa es lo que se dice y otra lo que se hace" (Poulat, Émile, 2012). Esto quiere decir, que en relación a la laicidad, algo puede estar Constituído, por ende formalizado y fundamentado, no obstante hacerse algo diferente, sobre todo por la población, me refiero a la sociedad en su conjunto, en el entendido de que el mismo Blancarte nos dice que el Estado laico, tiene su principal figura, debido a que no es la autoridad divina quién lo legitima sino la soberanía popular, pero dicho concepto alude a algo que puede ser contrafáctico, no totalmente real, y ya que, para que la población legitime un Estado, y laico, es necesaria cierta laicidad de la sociedad, por ende también de la cultura. Y aunque el mismo Blancarte nos dice que la laicidad, es diferente del laicismo, en que este es combativo, en lo que ciertamente yo estoy de acuerdo, por tratarse de una ideología; la laicidad, tiene un aspecto que no puede dejarse de lado que es la sociedad y la cultura de un país, y debido a que un país se define con tres elementos: población, territorio y Gobierno, es necesario que la sociedad tenga un nivel de laicidad, y esta se alcanza con toda una serie de ideologías que se pueden combatir entre ellas, como en el caso del laicismo y el anticlericalismo, pero ello supone convicciones y por ende, necesita de un entendimiento de laicidad.

Desarrollo

I. Laicidad

De lo introducido, me parece importante aclarar, que me parece muy atinado lo que Blancarte ha trabajado sobre la laicidad, no obstante, no estoy totalmente cierto de que "… la laicidad supone una transición de un régimen con una autoridad basada en el poder sagrado hacia otro cuya autoridad ya no proviene de lo religioso, sino que se sostiene, esencialmente, en la soberanía o voluntad popular" (Blancarte, 2017: 10). Justamente es este último aspecto el que me brinca, el de la soberanía popular, aunque sea un concepto muy común y usado y aceptado desde hace mucho tiempo. Por lo dicho anteriormente, en México, hablar de soberanía, en términos generales es muy complicado, por ejemplo, una soberanía nacional, cuando hay todo un conjunto de intervencionismos, de diversos países en toda la historia de México desde el siglo XIX, XX y XXI, con mayor razón ante una sociedad multicultural y plural, pensando así ¿cuál sería esa "soberanía o voluntad popular"? Ciertamente, hay una laicidad de la sociedad y del Estado, así como la ha concebido Blancarte, con excepción a mi parecer de que se deba a la voluntad popular, ha sido siempre de élites diversas, con pensamientos no totalmente mexicanos, me parece que ello es más complejo, en términos no formales.

Siguiendo al mismo Blancarte, tenemos la siguiente definición: "El Estado laico es, entonces, ese moderno instrumento jurídico-político al servicio de las libertades en una sociedad que se reconoce como plural y diversa. Un Estado que, por lo mismo, ya no responde ni está al servicio de una doctrina religiosa o filosófica en particular, sino que vela por el interés público, es decir el interés de todos, manifestado en la voluntad popular y el respeto a los derechos humanos" (Op. Cit.: 11). Me parece excelente dicha definición, para términos formales, pero para otros aspectos no totalmente jurídicos, muy problemática, por ello, ha habido definiciones como "laicidad positiva y laicidad negativa", pero yo pienso que no es necesario, atendiendo al entendido de que la laicidad es un concepto dinámico, y polisémico, en el sentido de que tiene diferentes maneras de ser entendido por la sociedad, nos podemos quedar, salvo por lo problemático que ya he mencionado de la soberanía popular, con la concepción de Blancarte.

II. Laicidad y ética, ética laica

Valga toda esta aclaración, para entonces continuar, con que, son necesarias las éticas laicas para una inclusión, por ende de una democracia, por lo que me parece que en el *continuum* histórico, podemos entender la laicidad, como un aspecto que no puede ser acabado y decir, postlaicidad, como en el caso de postsecularización, es decir, atendiendo a que la postsecularización, no significa precisamente que la secularización haya culminado, sino que ya no es lo básico o primero, por lo que se puede seguir como proceso, pero no es tan urgente, como el aspecto de una sociedad democrática, aunque pueda no ser lo único urgente.

Ahora bien, entender la laicidad así, en el *continuum* de la historia, es pensar precisamente en que dicha laicidad, viene de la diferencia, y de lo múltiple, tanto de pensamiento, filosofías, convicciones de toda índole, por lo tanto una convivencia que se busca pacífica de las ideologías, por lo que se incluye, éticas, en general todo en la inclusión, aunque les pido infieran a qué me refiero con democracia, aunque no dé un concepto de democracia, no obstante espero se pueda comprender mejor con lo que diré más adelante.

Ahora bien, sin la ajenidad a que se ha tratado en la historia de México y el mundo, de hacer éticas laicas, incluso hay algunas propuestas muy interesantes, por ejemplo en lo que históricamente se han concebido como sociedades secretas, aunque más bien en realidad sea de otra forma, dichas sociedades, forman asociaciones civiles y culturales, y son muy discretas, pero tienen planteamientos interesantes, así como algunos clubs o sociedades derivadas de las anteriores mencionadas, pero con todo ello, se entiende que todavía hay mucho camino por andar para que la sociedad pueda albergar en su conjunto a dichas éticas, por lo que es importante la construcción de ellas.

 Tomando en cuenta lo anterior, parece apropiado pensar en la construcción de una, atendiendo a los aspectos como la misma laicidad, la secularización, el ateísmo, etc. Todo ello, porque las filosofías diversas, así como las teologías, y demás ideologías, están en lo más profundo e íntimo del ser humano. Independientemente de la multiplicidad de concepciones sobre la ideología, ellas forman parte tanto de la familia, donde se desenvuelve el individuo y con la cuál puede crecer, y tener un desarrollo ontogenético; la ideología como la cultura, son partes constituyentes del ser humano, el cual toma conciencia en el entendido amplio de conciencia, donde se incluye la concepción materialista de que, la base material de la conciencia es el cerebro, por ende, para que haya una acción social, es necesaria la cultura y con ella aunque no igualmente necesaria pero unida casi a la par con la ideología, por ello tenemos también el desarrollo filogenético, que forma parte esencial del ser humano.

Con todo lo antes dicho, continuando en el entendido, de que la educación constituye una parte importantísima en todo lo anteriormente expresado, debido a que la educación como se sobreentiende está en todo el proceso de socialización y dicho desarrollo ontogenético, poblacionalmente hablando, en la condición etaria de las personas, por lo que para lo que, respecta sobre la educación, se piensa, puede entenderse la pertinencia de toda la necesidad de una ética en el Estado laico. Como es de comprender, con dicha formalización del Estado laico desde el siglo XIX en México, vino la desaparición de las facultades de teología en la Educación Superior Pública en México. Es importante mencionar el ensayo de Kant. I. (2020), "El conflicto de las facultades" en el qué se trata el aspecto de que las por él llamadas facultades superiores (la de medicina, la de derecho y la de teología) necesitaban un contrapeso, ya que éstas eran regidas por el Estado, por lo cuál no podían buscar lo que la filosofía si hacía, que es la verdad y la razón, tan necesarias para todo tiempo y época, por lo que en la facultad de filosofía (facultad inferior) urgía una independencia de la censura del Estado (Kant, I, 2003).

Así, comprendiendo a Kant, que en el siglo XIX después de la Constitución de 1857, siguiera la desaparición de la teología en la Educación Superior pública en México, ya que es sabida la influencia que tuvo el pensamiento de Kant en Benito Juárez y demás intelectuales de aquella época en México (y todavía en la actualidad), por lo que, no sólo ello sino que se suman todos los acontecimientos históricos ya conocidos, de influencias de pensamiento y de ideas diversas, por lo que esas misma diversidad y cultural, en este artículo, la opinión hasta el momento, es que facilitan la laicidad de la sociedad, y con ello en México, las pioneras formas de democracia, y como ya se dijo en el *continuum* histórico hasta la actualidad, tenemos el por qué no hay facultades o departamentos de teología en las Universidades públicas en México, la misma Universidad Nacional Autónoma de México no la tiene, sí en cambio, la de filosofía y en ella la enseñanza de la ética.

III. El pensamiento ateo

Siendo así, lo que respecta a un pensamiento religioso, que es parte de la cultura, con todo lo ya dicho, se encuentra en lo profundo de todo ser humano, de esta manera, podemos entender el surgimiento de pensamientos o filosofías llamadas ateas, que por ejemplo, (Horkheimer, 2000), nos decía aproximadamente esto en "Anhelo de Justicia": "que el decirse ateo nos lleva a una contradicción" y esto lo podemos notar aún en el pensamiento de (Onfray, 2015, 2017, 2006 respectivamente) , tanto en "Cosmos" (2015), como en "Decadencia" (2017) y en su "Tratado de ateología"

(2006), donde nos expone en resumidas cuentas que el ateísmo es una religión[2], y que aunque no parte de "ningún mito o leyenda" (no mito como narración) es decir, de "ninguna ficción" nos encontramos ante un oxímoron cuando nos dice que es vitalista y como es sabido, el vitalismo, tiene como pensamiento la vida y el impulso que nos da la vida, como una "energía" es el élan de (Bergson, 1907), por lo que empata con muchas creencias religiosas o similares, que nos dicen que prácticamente podemos llegar a Dios conscientemente, por lo que el vehículo para llegar a Dios serían algunas concepciones de ese élan, o mejor dicho incluso, podríamos pensar que esa "energía o impulso de vida" procede de alguna fuente o hay alguien que la ha creado o tuvo un origen, entonces ¿qué es eso que nos dice exactamente Onfray? nos dice, que el ateísmo es una religión y es vitalista, y que se basa en el élan, sea simplemente así, como el élan de Bergson, se puede pensar que su Dios es el élan, entonces ¿dónde está el ateísmo?

Si atendemos al ateísmo, a su raíz etimológica, sin Dios, entonces hay un Dios, del cual decimos qué: sin él. Todo ello, en el entendido de Onfray.

Ahora bien, en entendidos similares, ateísmo como negación de Dios, al negar algo, es porque hay una existencia, al menos conceptual de lo que se niega, por ello podemos decir, que no es, porque fue y hay algo que todavía es. Más aún, si decimos ateísmo, como no existencia de algo, igualmente conceptualmente al menos tenemos ese algo de lo que se dice que no existe. Por lo tanto, existe conceptualmente, y ello es suficiente, para muchas creencias religiosas para decir que Dios existe, porque es conceptual. Pero entendiendo a Onfray, en que su ateísmo es una religión, hay muchas personas y filósofos que aceptan el término ateo como algo genérico, y por ello entonces hay ateísmo, pero aun así, dentro de una ética laica, puede caber dicho ateísmo, y como yo lo he dicho antes en correspondencia con Blancarte, la laicidad, es inclusiva, y por lo tanto democrática, por lo que incluir, el ateísmo es pertinente, aún fuera o no también una ficción, o dicho oxímoron, si se sostiene como aceptable, se incluye sin problema y formalmente así es, nuestra Constitución Política, como se sabe, dice: palabras más, palabras menos, que todos tenemos el derecho a creer y no creer, en correspondencia con la no discriminación.

---

[2] Aquí hago la afirmación de que Onfray nos dice que el ateísmo es una religión, en el sentido de que tienen rasgos comunes de todas las religiones en sus concepciones, aunque no lo diga así posteriormente, no obstante, el ateísmo de Onfray, no supone una negación de la existencia de Dios en sí, sino de que se es ateo en el sentido de "a" (sin) "teo" (Dios) como un "vivir sin Dios" con los rasgos comunes de una religión, por ello hago esta afirmación y en lo sucesivo. No había hecho esta aclaración antes, porque pensando en público especializado, se comprenden esos rasgos comunes a las religiones, no lo hago con la intención de tergiversar el concepto.

Ahora bien, siguiendo el argumento de un ateísmo, ya sea como sin Dios, o no existencia de Dios, o de un vitalismo o del élan de Onfray (aún como fuerza vital), se incluyen en una laicidad, el problema es entender, en términos de una ética, es decir, en términos también de la filosofía, como la planteaba Kant, por ejemplo, de búsqueda de la verdad y la razón, debido a que no hay una facultad como la teología en la Educación Superior pública en México y, entonces, pensar así sobre la pertinencia de dicho vitalismo, pudiéramos pensar en su validez teórica, y así, decir que es filosóficamente interesante, pero un vitalismo radical, basado en un principio donde la vida es (diciéndolo un poco exagerado) todo, no es posible, para la misma vida, aún como argumenta Onfray, sobre el veganismo, y su racionalidad, los vegetales también son vida, y en la llamada cadena alimenticia, necesitamos nutrirnos y alimentarnos de algo, y ese algo es algo vivo, mientras no seamos autótrofos o hayamos logrado, encontrar una forma de alimentarnos donde no tengamos que suprimir ninguna vida, más aún decir que lo "bueno" es lo que va con la vida y la respeta, ¿qué sucede con la muerte de esas vidas que se suprimen y de nosotros mismos como especie al morir?, somos irremediablemente "malos", aunque se ha conceptualizado lo "bueno", pero no lo "malo" en el vitalismo", aun así lógicamente se acepta como lo opuesto.

Entonces, se puede tomar como válido el vitalismo aún con todo (aunque no pueda ser totalmente radical) y pensar que la vida es vida en sí misma, pero no resuelve del todo el problema del sentido, del sentido de la vida.

IV. Guerras

Consideremos que sí, que pensamos que todo en pro de la vida y su continuación, aún el suprimir otras vidas, para continuar la vida, nos hace pensar en que tendríamos que, decidir qué vidas deben suprimirse para que haya vida, y siendo así, nos convertiríamos en una forma de darwinistas, darwinisitas sociales, que bien es sabido han traído como consecuencia, grandes genocidios. Más aún, pensar en una realidad, donde la historia humana, está llena de grandes guerras, crímenes y genocidios y que aún así continúa, y aprende a hacer más contundentes las formas de exterminio humano, según las reglas, normatividad, leyes o lo que impere en ese momento de la historia, es sumamente importante, para considerar la vida misma y las formas de vida, presentes y las que puedan ser futuras. Aún más, pensar en la violencia así, y la guerra, como algo constante en la vida, ya sea sino vegetal, sí, animal incluyendo a la humana, por sentado, es pensar también en la necesidad de considerar el enfrentamiento de contrarios y opuestos, y tal vez entender que de ahí surge algo nuevo, que puede ser, más allá del deterioro, degradante, pero también que supere el orden impuesto y así, considerar las filosofías, que tienen pese a esas barbaries, esperanza en el avance de la humanidad hacia algo que puede ser mejor.

Pensar en lo anterior, es pensar también en lo que ha sido la secularización, como parte de esa cierta fe en una idea de progreso, por el avance científico y tecnológico, que va junto con la idea incluso, desde la idea misma de la modernidad, y entonces, ello, nos conduce a buscar lo que sería, sino lo "bueno" si al menos una "vida buena" o "buena vida" aún como se conceptualizaba en la antigüedad clásica europea, y aristotélica, que se incluyó también, como una "vida hacia mejor" por (Marcuse, 1985), en toda su vasta obra, pero sobre todo en el "Hombre Unidimensional".

V. Preservación de la vida y Justicia.

Continuando, con pensar en lo que preserva la vida, enfoquemos, en una situación de derecho, es decir de derecho a la vida (el primero de los derechos humanos) y junto con él, el derecho a la muerte (como derecho de vida, y poder sobre la muerte, en contraposición a (Foucault, 1979) en "derecho de muerte y poder sobre la vida")[3]. Por lo que, buscando que haya ese primer derecho humano, tenemos la realidad, de que en su plenitud, es decir, el derecho a la vida y todo lo que ella conlleva, para una "vida buena" o incluso "digna", sino decir, una "vida hacía mejor" (Marcuse, 1985) se contempla como la búsqueda de un bien, para la mayoría, es decir un utilitarismo, pensar en "el mayor bien para el mayor número de personas" o como en el marxismo "dar a cada quien según sus necesidades" (el problema aquí es cuando se crean las necesidades, aún como deseo), debido a que se nos dice, que no es posible dar todo a todos, pero si se habla de unos mínimos, y como dice (Beuchot, 2005) de unos máximos, en el entendido de la discusión de principios del siglo entre liberales y comunitaristas, en el marco de los derechos humanos, junto con (Cortina, 1993), cuando se habla de esos mínimos irrenunciables, incluso, es la concepción de derechos humanos con el diálogo intercultural e interreligioso, que se piensa teniendo en cuenta la dialéctica, y el pensamiento de (Habermas, J. 1987, 2000) en la ética del discurso, que nos acercamos a una concepción de no ser radicales, más bien de cierta moderación, entre una analogía, hermenéutica analógica, que es la propuesta del mismo (Beuchot, 1995), pero de ello, hablaré un poco más adelante.

---

[3] Al respecto de la preservación de la vida, y la necesidad de alguna permanencia en el mundo junto con la conciencia, está la memoria y de ahí probablemente surge la importancia por la historia de cada individuo como en general, entre otros aspectos que no puedo abordar en este artículo, pero que pueden resultar muy obvios.

Siguiendo con Onfray, en su obra "Cosmos" atina al decir, que el término cosmos, viene de orden (al respecto es necesario decir, que aunque se usa como término técnico, en la cosmología, en el multiverso, también podríamos pensar en pluriverso, por venir de universo, pero más ampliado, me parece importante que al espacio entre un universo y otro, y sus posibles relaciones, cabría el término interuniversal, o intermultiversal, interpluriversal, más aún interdimensional), pero ello todavía es una posible terminología alternativa.

VI. Gobierno y democracia

Regresando al orden o cosmos, tenemos que, alude a un principio que viene de la antigüedad, que nos dice que todo debe responder a un orden, y que así como hay un orden en el universo, hay un orden en la tierra, por lo que es de entender que las formas de Gobierno que se basaban en la legitimidad de un derecho divino, como en toda teocracia, responden a ese principio al equiparar, lo sagrado con lo que tiene relación con la divinidad, siendo así, que el orden o cosmos (universo o cielo) vendrían a ser el receptáculo de la divinidad, y por ello sagrado, por lo que el orden en la tierra era sagrado, y se veneraba al rey como a Dios. Aún en la República romana, se deificaba al emperador, y todavía en cierto momento en el México del siglo XX, había una tendencia a la sacralización de ciertos aspectos de lo político, como una forma de Religión Civil, por no decir, de los símbolos patrios, en el entendido de que lo sagrado, también se entiende como aquello a lo que se le rinde culto, ya actualmente incluso, se dice de lo sagrado hasta un objeto el cual es muy preciado para alguien y no quiere separarse de él. Por lo que, lo que es sagrado para unos, puede o no ser, sagrado para otros, o puede perderse lo sagrado, como desacralización.

De esta manera, tenemos qué en una democracia, que se entiende no sólo como el sufragio o la elección por los ciudadanos de sus gobernantes o representantes, sino de respeto a las diferencias, a la diversidad, la igualdad en el sentido amplio, *inclusión*. Tenemos que no tiene cabida dicho culto a una persona del Gobierno o político, sino en el entendido de lo que se ha dado en llamar democracia formal y sustancial, donde el gobernante, gobierna para el pueblo, no sólo por el pueblo, quizá por ello Weber nos decía algo así, como "a propósito de la democracia norteamericana, preguntaba, ¿por qué ustedes los norteamericanos escupen a sus gobernantes? La respuesta fue porque si no les escupimos a ellos, ellos nos escupirían a nosotros "…el elevado nivel democrático de los Estados Unidos, un "país nuevo"; y esta circunstancia, a su vez, es la principal razón de la paulatina decadencia de ese sistema. Estados Unidos ya no puede ser gobernado únicamente por aficionados. Hace quince años, si se les preguntaba a los obreros norteamericanos por qué se dejaban gobernar por políticos a los que despreciaban públicamente, respondían: "Preferimos que ocupen los cargos personas a las que podemos escupir, en vez de tener una casta de funcionarios que nos escupan a nosotros". (Weber, 2021: 52-53). Valga el sentido y la idea de que en la democracia no sólo no se le rinde culto a los gobernantes, sino que incluso se es irreverente con ellos. Lo que se entiende en la cultura actual, donde al gobernante y demás, se le dice de todo, incluso públicamente.

Además, que tratándose de democracia, tenemos en el discurso en México la democracia participativa, pero es importante también mencionar a la democracia deliberativa, incluso junto con Habermas, pensar en una democracia en la que todos los ciudadanos participen ampliamente uno o varios diálogos estando bien informados en la política y se tomen las decisiones a través de dichos diálogos, lo que hace necesario incluir, a todas las filosofías, pensamientos, y por supuesto de los líderes religiosos o similares, que lleven sus propuestas, en el lenguaje propio de la política imperante en dicha democracia, lo que implica cierta "traducción de sus términos teológicos, al lenguaje de la política imperante" pero mejor dicho siguiendo a (Beuchot, 2005), el uso de esas interpretaciones culturales, se reflejen en una hermenéutica, y que ésta sea analógica, donde no haya equivocaciones, una equivocidad, que nos lleve a un relativismo, que se ha hecho ver, nos lleva a expresiones de fundamentalismos, como en la llamada posmodernidad, ni una univocidad, que implica irse por un pensamiento unilateral, basado en una cultura única y particular, que perturba la comunicación y por lo tanto dificulta las perlocuciones, lo que sería algo que no permitiría un diálogo, que parta de una simetría.

VII. Filosofía, Modernidad y ciencia. En el entendido de democracia y Justicia

Dicho pensamiento unívoco, pone en evidencia al pensamiento secular, o mejor dicho a la secularización, donde dicho proceso nos da para pensar en la ciencia concebida, bajo ciertos parámetros, únicamente occidentales, incluso, por ejemplo, en el positivismo lógico, dónde todo debía ser de estrictamente científico, en el entendido de la experimentación como parte importante del método científico, que venía incluso desde Bacon (por mencionar a alguno, sobre todo en sus aportes con relación a la inducción lógica y la experimentación) y todo el pensamiento europeo, que formó durante mucho tiempo el eurocentrismo, que ahora todavía vemos manifestado, por lo que considerar que para las ciencias había una división como la decía Dilthey, entre "las ciencias del espíritu" y las llamadas "duras" o "exactas", incluso, el decir que la filosofía no era ciencia, o sí lo era, porque se podía experimentar con la mente en los llamados experimentos mentales, todo ello una concepción reducida, de lo que aquí expreso como ciencias sociales y humanas, por lo que se entiende la pertinencia del surgimiento del pensamiento decolonial, que como se sabe, tiene sus antecesores en los estudios subalternos y postcoloniales, y ahora se ha denominado decolonial o descolonial, para buscar esa independencia epistemológica o gnoseológica de occidente o del Norte, si seguimos (De Sousa Santos, B. 2009).

Ahora bien, es cierto, que la secularización, así como las concepciones de la ciencia como todavía se tienen y las que se han tenido, no pueden dejarse totalmente de lado, porque han sido parte del devenir histórico y por ende cultural, han conformado ciertas partes del ser latinoamericano, por ejemplo, y desde luego mexicano, si podemos tomar partes del pensamiento que viene de Occidente, aunque sean muy unívocos como los menciona Beuchot, que en términos generales también él reconoce cierta univocidad en su propuesta, en su pensamiento, podemos pensar en las éticas discursivas como la de Habermas, en su propuesta de diálogos, con las reglas de dicho diálogo, que al iniciarse nos pone en igualdad, y la ya mencionada propuesta de Beuchot de la hermenéutica analógica, que nos hace no ser ni tan unívocos, ni equívocos, o relativistas, sino un término medio, como el justo medio aristotélico, pero que no es ni radical, ni laxo, sino que recoge una opción que se corresponde con una idea compartida entre los dialogantes y consensuada de un "ideal de sociedad". El problema es, que se puede llegar a cierto platonismo, de pensar un Estado ideal, y entonces ¿en una mentira soberana? ¿Cómo acuerdo entre las partes? Sobre todo, si se toma sólo unos cuantos que lleguen a ese ideal de sociedad y de Estado, es el mismo problema de las élites en la democracia representativa.

Lo anterior parece, sin duda un problema, pero, aun así, podemos pensar que, aunque tenemos mucho de esa democracia representativa, aún una democracia participativa y concebir la deliberativa, nos permitiría incluir más a la ciudadanía, para resolver el problema de élites y minorías de personas que deciden por quién ha de votarse y legitimar mediante una concepción manida de la democracia el voto como su culmen.

Ahora bien, ¿qué tiene que ver todo esto con la educación y Superior? pues que la mayoría de la población de estudiantes de dicha Educación es ciudadano por ley, y luego entonces es necesario pensar en su criterio no solo para la vida, sino también para la toma de decisiones en la sociedad. Entonces con ello pensamos en la filosofía de la educación desde su primeras concepciones, como aquella que se ocupa de la virtud, y por ende del juicio, y con ello del criterio, que valga de paso decir, que es de la familia etimológica de crítica, por lo que un juicio crítico, basado en el pensamiento crítico y la crítica, -ahí también desde la propuesta de (Kant, 1876), presupone un criterio bien formado, una capacidad de juicio y por lo tanto de, al menos cierta virtud, por lo que la pertinencia de la filosofía de la educación, donde el papel de la propuesta de Beuchot, contribuye a la toma de un juicio, valga decir, equilibrado, donde no sea unívoco o equívoco, todo ello pese a las dificultades mencionadas de la univocidad de su misma propuesta, pero valga de cualquier manera la comprensión, de que no se puede abandonar todo el pensamiento occidental, como espero haber supuesto antes. Sólo, me parece aterrizar más, y no llegar a imaginarios "ideales" de sociedad o Estado por unos cuantos. Sino que pueda ser concebido por toda la ciudadanía preferentemente, y si no es posible fácticamente, entonces agotar al máximo la posibilidad, ciertamente, también hay que pensar cómo, y pudiera decirse también que es "ideal" o utópico, pero de cualquier manera una utopía que no se base en una justificación cuya justipreciación de la realidad sólo sea conocida por unos cuantos, una élite o similar.

EXCURSO O REFLEXIONES

Esta, reflexión resulta de pensar en términos generales el concepto de lo bueno y el bien; seguida cuenta, de las reflexiones que hice al respecto de la ciencia y la religión, que a menudo se expresan como algo que no tienen actualmente una reconciliación, y dan por consecuencia conceptos como el de secularización, luego junto con éste, la concepción de ateísmo, que me llevó a buscar una manera de incluir dichas posturas, con las convicciones particulares de todas las personas de la sociedad, y que hasta el momento me parece que, así como se expresa en nuestra Constitución Política, sobre la no discriminación, es la laicidad, como parte a su vez de lo que englobaría en resumen el triple lema de la modernidad: Libertad, igualdad y fraternidad, sin el cual no puede haber una conciliación entre los tres conceptos, una sociedad que busque la libertad y con ello, la libertad religiosa, de culto, de conciencia, y demás, que al mismo tiempo reúna el aspecto de una igualdad, tomando en cuenta de que todas los individuos que conformamos dicha sociedad, somos humanos, y que hay derechos humanos que son parte de un discurso cuya aceptación internacional es amplia y hasta el momento suficiente, pese a las aristas que pudieran objetarse. Dicho discurso prevalece en la comunidad internacional, por ser por demás necesario para la vida y todo lo que ella conlleva (el derecho de vida-muerte, entre otros) para una vida hacia mejor, junto con la hermandad universal (léase aquí fraternidad) como parte también del amor a dicha humanidad, y que la humanidad es también natural, lo que nos conduce todo junto a pensar en la Justicia, y la democracia, que mueven esta artículo en torno a la Educación, la Educación Superior, y particularmente la Educación Superior pública en México, por la situación de la decisión, por lo que se elige.

A) Sobre la decisión, filosofía, y filosofía de la educación, antropología filosófica y/o del cuerpo

Del aspecto de la decisión, tenemos a menudo varias opciones, por las cuales nos inclinamos por algunas (elección entre una multiplicidad) no obstante nos decidimos por una (en términos de la democracia y la toma de decisiones) lo que me mueve a pensar, en lo que hace que tomemos esa decisión y sin perderse mucho en los detalles, por lo breve de este documento, tenemos a menudo en el origen, de las concepciones una expresión de contrarios, entre el bien y el mal, lo bueno y lo malo, la derecha y la izquierda, el más y el menos, lo máximo y el mínimo, etc. Dichas expresiones conceptuales se dijo en su momento, por los estructuralistas, responden a oposiciones binarias, pero ya antes se habían expresado concepciones de que no sólo eran oposiciones, sino que además se enfrentaban entre sí, en contradicciones, que resultan en algo distinto de ellas y que a menudo era como su síntesis, por lo que surgió la dialéctica, de ella se expresó en la modernidad europea la dialéctica de Hegel y luego la dialéctica materialista, la de Marx, que se toma para este artículo de la explicación de (Engels, 2014).

Dicha dialéctica, así como la expresó Engels, en resumidas cuentas nos dice, que hay algo, que se niega como negar en el álgebra "a", entonces tenemos -a y oponerle la negación de la negación: "-a" por "-a" que se expresa así: "(-a) (-a)" y que nos da como resultado: "a" al cuadrado, que contiene tanto la "a" como su negación -a negada (negación de la negación) que da como resultado la "a" negada y positivizada en algo superior (la "a" al cuadrado) y así, habría que buscar en la naturaleza esas negaciones de la negación, como cuando muere el grano de trigo, que da el trigo, se tiene el grano de trigo y se niega así mismo, en contradicción consigo mismo negado, que da como consecuencia algo diferente, que es el trigo, pero que contiene al grano, negado y en contradicción con su misma negación, pero no son ni el grano, ni su negación, son el trigo "son a la par que superados" en el trigo.

Ahora bien, ¿qué tiene que ver lo anterior con la decisión? Se ha dicho que la base material de la conciencia es el cerebro, del cerebro parten las decisiones, luego, el cerebro se compone de dos hemisferios, el derecho y el izquierdo, los cuales se unen por el cuerpo calloso del cerebro, dichos hemisferios a su vez se dividen en dos cada uno, los lóbulos y en suma son cuatro; el cerebro, no son los dos hemisferios, que contienen los lóbulos, pero contienen a ambos, a los lóbulos y a los hemisferios, a la par que superados en el cerebro, lo que da como consecuencia que la unión de los dos hemisferios por el cuerpo calloso, podría hacernos pensar, que dicha unión hace que surjan las decisiones[4]. Se pensó, en la llamada enfermedad de la mano con vida autónoma, en donde aparentemente, una mano toma vida propia con respecto a la otra, siendo así, mientras una mano abotona una camisa, la otra podría estar desabotonándola, la posible solución fue cortar los hemisferios por la parte callosa del cerebro, pero con ello se descubrió otra función de dicho cuerpo calloso, a la que aquí se llega a pensar con mis generales y básicos conocimientos del cerebro, que pueden ser las decisiones, pero reitero ello no lo afirmo categóricamente por la respectiva nota al pie.

---

[4] Aquí, cabe aclarar que no es mi profesión la neurología y no podría por ello afirmar esto categóricamente.

De lo dicho, nos lleva a pensar cómo se puede simbolizar este aspecto, pero antes, se sigue con que lo que no resta valor a la reflexión, es el punto de que hay dos hemisferios en el cerebro, con dos lóbulos cada uno, que en su totalidad forman el cerebro, que es la base material de la conciencia, vuelvo a decir, y por ende, de las decisiones, todo ello en su conjunto, tiene como parte en mi argumento, la dialéctica, reflexionando a partir de (Engels, 2014), en que en la sociedad, como en la naturaleza, pensando en términos globales, la oposición entre Naturaleza y Cultura, nos lleva a su vez a considerar que, en contradicción con la Naturaleza, el ser humano, al enfrentarse a ella, con su acción sobre ella, en términos muy generales, con el trabajo, resulta, haciendo salto de muchos intermedios: la cultura, como Segunda Naturaleza, que contiene a lo natural con lo que el mismo ser humano hace, y con ello su vida en sociedad sin la cual no puede vivir, por ser gregario por Naturaleza, además dicha Cultura, se expresa de diferentes maneras, en las que sin detener la reflexión aquí, y por las mismas razones, que anteriormente, haciendo el salto de intermedios, se va a lo que interesa: que es que la Cultura y el conocimiento, unidos, por lo que se trasmite la cultura en general por la educación, siendo un para qué de la educación, la mejor convivencia entre sí de los scrcs humanos, al menos, y a saber.

El tomar una decisión incluye el pensamiento, y todo lo que tiene que ver con lo que interviene, en la elección, con ello se resuelve y se decide, por lo que tener un gobierno de sí mismo o autogobierno, nos permite, tener en mente el reino de cada uno de los dos hemisferios, y de ahí su imperio, unidos por el cuerpo calloso del cerebro, a su vez coronado, como uno de los símbolos más representativos de la masonería: el águila bicéfala. Con ello el caduceo de mercurio, símbolo actual de la medicina [5], donde las serpientes roja y azul, suben por dicho caduceo hasta el extremo superior, en el despertar del espíritu, simbolizado por sus alas, siendo así, los dos símbolos, nos unen en lo físico y en lo espiritual, si consideramos el caduceo de mercurio en una interpretación gnóstica, de que las serpientes pueden simbolizar también, no sólo las pasiones, sino la vida material -energía- (serpiente roja, también la sangre) y la serpiente azul (el agua, el alma) subiendo por la espina dorsal, hasta el cerebro, donde se puede dar el despertar de dicho espíritu[6]. Nos recuerda al Uno, el *nous* y el alma, del

---

[5] También símbolo de la fortuna y el comercio no contradice a su representación, debido a que la salud, no sólo es física, sino económica o financiera, independientemente del símbolo de Asclepio, que representa una sola vertiente, que no es prácticamente, sino objeto de una reciente controversia, que no se concluye en la completud, de la interpretación anterior, entre otros aspectos, que no voy a profundizar aquí. Valga de momento esta simbolización, con la medicina, fortuna y comercio, en la salud completa.

[6] Se piensa en la lógica de la dialéctica, en la mariposa, es decir, la oruga, que sufre su metamorfosis en la crisálida, y da por resultado una mariposa, que, no es "gusano" que repta o se arrastra, ni el capullo, sino la mariposa que ya vuela, que contiene al primer gusano negado y a la crisálida negada,

neoplatonismo de Plotino (el Uno hipóstasis básica, y el *nous* y el alma, hipóstasis derivadas), de aquí, el *nous* y el alma, dan como parte superada al despertar del espíritu, es decir, el Uno como en Aristóteles, el sol y el *nous* como la luz, la luz del sol, y el alma , lo que da vida al cuerpo o principio de vida, podría interpretarse como "fuerza vital" o "energía vital", el élan de (Bergson, 1973), el vitalismo de (Onfray,2018), aludido en el artículo en cuestión.

Además, de que la conciencia, el pensamiento, etc., tienen su base material en el cerebro, que es una parte del cuerpo, podemos comprender mejor la afirmación de (Engels, F. 2014) de que "el hombre ha pensado dialécticamente, aún antes de saber lo que era la dialéctica" por lo que esa relación, de la conciencia, el pensamiento, la imaginación, memoria, etc. Tienen una base que es el mismo órgano mencionado, al mismo tiempo, el cuerpo humano, tiene dos brazos y dos piernas, con sus respectivos pares: dos manos, dos pies con sus dedos y ortejos (dedos de los pies), y así sucesivamente, por ejemplo la mano que se mueve, puede, en la llamada enfermedad de la mano autónoma o con vida propia, moverse diferente una de la otra y puede ser hasta contradictorio, lo cual nos refiere a los dos hemisferios, por lo tanto, lo que hace única su coordinación y movimientos, puede pensarse, que son los hemisferios. Siendo así, es un modo natural, pensar dialécticamente. Por lo que hay que notar, como se dan las contradicciones, en general en todo, y de ahí, deducir sus superaciones dialécticas. Así, tenemos que el Uno (es la unidad, para Plotino) y resulta, la superación del *nous* y el alma. Ahora bien, hay cuatro causas aristotélicas, y cuatro elementos en la antigüedad, que vendrían semejando, a los cuatro lóbulos, las cuatro extremidades, y su superación sería lo que no se podía concebir, que se pensaría como lo irracional, es decir, lo que no es, acorde a la Razón y es la consideración del azar, o la casualidad. Pero como bien es sabido, para Aristóteles no existe la casualidad, no hay accidentes sin una causa, y se busca la causa de las causas, por lo tanto, pensar en la causa primera, y el fin que sería Dios, junto con el principio, por lo que Dios es principio y fin.

Todo lo anterior, se podría comprender mejor, si pensamos a su vez, que, para los neoplatónicos, como para Avicena, el uno no es número, es la unidad, que está más allá del Ser, por lo tanto, no hay definición alguna que pueda decirnos sobre el Uno y lo que queda es la negativa. A este respecto nos dice por ejemplo (Afnan, Soheil M, 2021: 148-149) que: "El problema de lo uno y lo múltiple tenía que examinarse porque el "Uno está estrechamente conectado con el ser que es objeto de esta ciencia". Se

---

superada en la mariposa, que corresponde a la parte del cerebro como materia gris, la mariposa, en el cerebro como base material de la conciencia con las alas, símbolo de paz, de espiritualidad entre otras, como los dinosaurios que, evolucionaron en las aves, puede ser la paloma, símbolo de paz o del espíritu mismo, como la libertad y el imperio del águila, el búho o tecolote… entre otros.

afirma la unicidad de lo que es indivisible, ya sea en el sentido del género o en el de la relación, o en el del objeto o en el de la definición. Hay una manera el Uno, en el sentido del número, puede tener, efectivamente, multiplicidad. Así, sería uno en composición y en combinación, o podría tener, en potencia, sería entonces continuo y uno en continuidad, o podría ser uno como número absoluto. Lo múltiple es el número que se opone al uno, y es lo que contiene uno, aunque no sea uno por definición. Puede ser múltiple en sentido absoluto, o en relación con otra cosa. Viene luego la afirmación curiosa de que "el número más pequeño es dos"[7]. Muchos filósofos islámicos, expresan la idea de que "el uno no es número", y encontramos a un lexicógrafo que dice "y por lo tanto, el uno no es un número"[8]. Dos podrían ser las fuentes de esta noción. Fue Plotino el que primero dijo, en la *Eneada Quinta* que el Uno no es una de las entidades que forman el número Dos"[9]. Por otra parte, la traducción de un pasaje de la *Metaphysica*[10] de Aristóteles, contiene un gran error, pues el traductor que traducía del siriaco, no conocía el griego y traduce diciendo que "el uno no es número". A pesar de que fue corregido, después, por otro traductor, el error por alguna razón continuó persistiendo. Sea como sea, pasó a ser una noción corriente en la filosofía islámica, que se repitió continuamente."

De lo anterior, podemos decir, que posiblemente en la reflexión, se pensó que, el uno no era número, debido, a qué la Unidad junto, materia y forma, son lo Uno, es decir, vendrían siendo como la superación de materia y forma, por lo tanto "La unidad es el concomitante de la sustancia. Es subsiguiente a la materia, o se predica de los accidentes." (Op. Cit. :149). Siendo así, los accidentes en tanto que se producen y tienen su existencia en sus relaciones con otras cosas, por no ser las causas por sí, es decir, en sí mismas, tienen una parte que se sigue del cuatro, es decir, el Uno, el principio, el dos, el medio, y el tres el fin, lo que da por consecuencia el cuatro que, sería la totalidad[11], siendo en números uno, dos y tres hacia el cuatro, respectivamente. Así, son para la antigüedad, cuatro elementos, cuatro causas aristotélicas, cuatro lóbulos que son el par más el par, en Uno, el nuevo comienzo (cuatro, el que le sigue el cinco y el par de tres igual a seis, para un nuevo comienzo y así sucesivamente, el nueve el fin de fines, o sea tres veces tres, y el diez la totalidad del tres veces tres, para un nuevo comienzo en once… hasta el par de diez, veinte, diez dedos y diez ortejos,

---

[7] Viene de Afnan, Soheil M. (2021: 148). Con el pie de página número 7. *Najat p. 365.*

[8] Viene de Afnan, Soheil M. (2021: 148). Con el pie de página número 8. *Jurjani p. 152.*

[9] Viene de Afnan, Soheil M. (2021: 148). Con el pie de página número 9. *Cf. Dean Inge: Philos, of Plotinus, Vol, II, p. 108.*

[10] Viene de Afnan, Soheil M. (2021: 148) Con el pie de página número 10. *Metaph., 1052b23-24, traducción al árabe, edit. Bouyges.*

[11] En Jung, Carl G. 1(981). "Simbología del espíritu". Primera reimpresión. México, D. F.: Fondo de Cultura Económica. Hay una idea parecida, muy similar, me inspiro en algunos argumentos está obra.

veinte la base numérica de los pueblos prehispánicos mesoamericanos). Todo en su relación con el cuerpo.

Todavía, pensamos en las concepciones judaicas del árbol de la vida o cábala, diez la corona, y diez hacia abajo, el cielo y la tierra[12], el del cielo al mundo, y del mundo al inframundo, para un nuevo comienzo en veintiuno y hasta al infinito. Por lo que pi se acerca a cuatro, pero no son cuatro, y de ahí, con la secuencia Fibonacci, junto con el número o proporción áurea que, tienen en común los tres, ser números irracionales, lo que nos lleva a pensar nuevamente en la irracionalidad y la Razón, pidiendo indulgencia al lector, por lo forzado de la comparación que se colige. Tenemos el lenguaje de la naturaleza, visto en cuerpos geométricos, el triángulo y el círculo, la recta y la curva, el cuadrado y el rectángulo, los cuatro lados, los ejes del plano cartesiano, que viene de menos infinito y hacia más infinito, en el sentido de izquierda-derecha y derecha-izquierda, y arriba-abajo y de abajo-arriba y se suplanta, con un punto, en él que viene de una curva, (incluyendo a la elipse, que es una forma en términos muy burdos, de la cuadratura del círculo[13], que hasta ahora se sabe, qué hay una forma elíptica de las órbitas de los planetas) y se juntan en el cero, el punto a partir de donde se niega el uno, hacia el infinito y de donde parte su negatividad, porque deviene y suplanta, lo que trae como consecuencia, el pensar en los orígenes, es decir, la causa de las causa, la causa primera, y el fin de los fines, que es el fin hacia el cuál se tiende en la filosofía aristotélica y lo ya mencionado. Por lo que la cruz, resulta un símbolo universal.

Así, de ahí se puede pensar en el pensamiento cristiano que tiene su base en la cruz y la crucifixión, siendo, el punto cero, donde yace el cuerpo del sacrificado, de arriba hacia abajo, baja y vuelve a subir, muere y resucita[14], baja al inframundo y sube al cielo, liberando el inframundo. Asimismo, el cerebro, tendría sus cuatro puntos, los lóbulos[15], con el punto cero, donde se unen los hemisferios.

---

[12] También la estrella de seis puntas, que se forma por dos triángulos, uno con la punta hacia arriba, de la tierra al cielo, y el otro con la punta hacia abajo, del cielo a la tierra, unidos en contradicción, puede pensarse la dialéctica… y con puntas en los lados, del menos infinito, al más infinito… y sus respectivas figuras que salen…

[13] Un problema a mi saber, todavía irresoluble. Ni siquiera el cálculo infinitesimal lo resuelve ni la geometría no euclidiana, o riemanniana, desde Arquímedes. Ahora bien, cabe aclarar que yo no soy matemático.

[14] Aquí, dentro de otros aspectos que pudieran ser ajenos o no correspondientes, se puede pensar en la simbolización del Ave Fénix, que resurge de sus cenizas…

[15] Dígase de paso, que los elementos para la vida orgánica son cuatro también, C (carbono), H (hidrógeno), O (oxígeno), N (nitrógeno), además de que para los hebreos serían también cuatro letras del nombre de Yahvé (YHVH o YHWH -Tetragrámaton-) …

El cuerpo humano tiene el sistema digestivo, que hace la función correspondiente a la alimentación y nutrición[16] del cuerpo, por lo que el cerebro, y la corona, que a menudo tiene puntas, como el cabello, que protege la cabeza, el águila bicéfala con corona , el imperio o reino de los dos reinos y así, podemos notar, como se buscó la correspondencia, el cerebro en circunvoluciones aludiendo a los números y secuencia ya dicha, que digo de paso, que la nuez tiene una forma muy similar al cerebro si se corta por la mitad, que tiene omegas que la hacen un buen alimento y muchos aspectos más, que pueden deducirse[17].

En la actualidad, se dice mucho sobre la democracia Norteamericana, ahí hay dos partidos políticos, de los cuales surge un gobernante, que decide y ejecuta, todo ello con relación a la concepción política de izquierda y derecha, en correspondencia como ya se puede notar con los antiguos principios y el mismo cuerpo humano, que forma parte a su vez de la naturaleza, que se creó y de ahí las controversias sobre la creación, incluyendo a los clásicos y medievales, en el pensamiento europeo, pero como el cuerpo humano a saber es en las mismas proporciones, incluye el género humano. Por lo que la pregunta, por los orígenes, nos lleva a entender la preocupación por la historia, y con ello su base misma: el cerebro, como receptáculo además de la memoria. Por lo que se pensó que había una relación entre el cosmos (orden) y la sociedad, entiéndase aquí, Gobierno, lo que sucedía astronómicamente como un orden, era igual en semejanza, en la tierra (o abajo).

---

[16] Dígase aquí, qué si llegara a haber algo totalmente sagrado para todos los seres, es el alimento o lo que nutre, necesitamos una fuente de energía o similar. No somos autótrofos los humanos.

[17] Aquí, dígase de paso que, la nuez también tiene una relación con el Ojo de Horus y este con el Ojo de Nazar o Turco, que de paso se relaciona con la proporción áurea, que da relación a la concepción del tiempo en espiral, que, trasciende las relaciones otras del tiempo como la lineal con el símbolo del bifronte o Jano, ni con el uróboros (Concepción cíclica) sino en espiral (concepción también maya y azteca) porque nunca se vuelve al mismo punto, no hay marcha atrás tampoco, sino son "fases distintas del tiempo" (léase también concepciones de la historia), por eso se piensa en las paradojas temporales, entre otras…

Conclusiones

Me parece que para efectos de este artículo las partes considerativas, para la construcción de esa tan necesaria ética laica, pese a las propuestas ya existentes o inspirándose en ellas, para buscar una lo más acabada posible y factible. Parece a su vez, que la laicidad, es un buen principio para ese supuesto de la modernidad, que se ha recibido como el triple lema de "Libertad, igualdad y fraternidad" donde, como dice Beuchot, en estos tiempos ha habido mayores libertades, menores igualdades y casi nula la fraternidad. Esperando que no sea tan desalentador; a partir de la laicidad, ella, engloba las libertades y los derechos humanos, se busca por ende la igualdad y por ser inclusiva y propiciatoria de la democracia, fraterna. Ahora, aunque se pueda decir, que la modernidad quedó atrás, parece que no, que no es así, y aunque no tiene la misma forma del siglo XVIII y XIX y todavía el XX, no hay posmodernidad como tal, quizá, de otras opciones, como la propuesta de Rodríguez Magda (2004) de transmodernidad[18], pero sí, parece que la laicidad como se sigue, no se podría hablar de postlaicidad. Reiterando, por lo tanto, es un proceso, sino ya la laicización, pero sí la laicidad y hacia la laicidad, por lo tanto, es necesaria sin duda, una ética, que incluso se lleve a la reflexión de lo que ahora se ha puesto en la sociedad en consideración de importancia, como la inteligencia artificial, y demás aspectos, todos relacionados con la vida-muerte y el sentido de la misma vida, se podría hablar de una biopolítica laica, o bioética laica.

---

[18] Se dice transmodernidad, pero bien podríamos pensar no en una modernidad, tampoco en la ya dicha transmodernidad, sino en una época de artificialidad, por ejemplo, ahora se habla de inteligencia artificial, entonces, trataré en lo futuro de desarrollar y darle contenido al concepto de Artificialidad, como una época (Cabiendo señalar que, la inteligencia supone aprendizaje y resolución, el diseño, entre otros y que es no natural).

Consideraciones finales

La educación, de un gobernante, ha sido la preocupación de los filósofos de la antigüedad, y sigue siendo, parte importante del pensamiento de la filosofía de la educación, que se pregunta en este entendido, por el para qué de la educación, siendo así, para Aristóteles, la búsqueda del bien como fin, es decir, el para qué, sería el bien, mediante la virtud, y con ello la prudencia o *frónesis*. También Averroes[19], se interesó por la educación en general, así como de los gobernantes, siguiendo a Platón y se entiende, por consecuencia la situación en Aristóteles, de ahí, a toda la época medieval, dónde se buscaba la educación de los gobernantes, hasta que fueran ilustrados (despotismo ilustrado) hasta la Revolución Francesa, que a menudo se toma como un punto muy importante de la modernidad. Lo que sigue siendo, de importancia, aún en la actualidad meritocrática, donde se discuten los méritos académicos, tal vez con relegación de los méritos sociales, por lo que interesa el *currículum vitae*. De ahí, a la Educación Superior y por cnde de México, ya que, se ha buscado quitar el aspecto de reminiscencias religiosas a los conceptos del bien.

 Entonces, en correspondencia con el pensamiento que viene desde la antigüedad clásica, la época medieval y la modernidad europeas, la secularización y junto, al tiempo, la laicidad, con ello, la tan añorada consecución del triple lema "Libertad, igualdad, fraternidad" que, de alguna manera, se corresponde con el pensamiento colonial. Aún hay bases del pensamiento de los pueblos originarios, esto porque como se sabe, el país es multicultural, pluricultural, por lo que se dice, la interculturalidad, que nos lleva al pensamiento laico, que ha tenido un asentamiento en dicha multiculturalidad, pluriculturalidad; de lo cual se deducen, las éticas laicas. Sin decir totalmente de ahí, porque, en sintonía con todo lo expresado, pensar en los orígenes de la laicidad, es todavía una situación que ocupa a la historia del pensamiento y, también de lo bueno, aún con todo lo anterior. Pero como parece se ha mostrado, en los clásicos hay mucho de lo que se deriva el concepto de lo bueno y lo malo.

En el pensamiento actual, meritocrático, también hay mucho del pensamiento de la colonia, y de los pueblos originarios, esto porqué, así como casi en todos los pueblos que han conformado la humanidad, el poner un tocado en la cabeza al gobernante y distinguirse, la legitimidad de un gobernante también tiene que ver con sus méritos, incluyendo como ya se dijo, la educación. Así, en la América precolombina, de igual

---

[19] Averroes (2011). Exposición de la "República" de Platón. Tecnos. Clásicos del pensamiento. España. 6ta. Edición.

manera, preocupó la educación, junto con ella del gobernante, y por consecuencia de los méritos, a pesar de que, de Europa, vino la diferenciación en castas, que hacían que una persona naciera en una casta, y muriera en ella, con poca movilidad social o nula. Lo que, al igual que en Europa, los gobiernos, respondían a las familias (Borbón, Hasburgo, Hohenzollern...) en México, todavía se mueven las élites de una manera que parece de castas. Por lo que a menudo, la movilidad social, en el México contemporáneo es casi nula o nula, en contradicción con la idea del liberalismo y demás, que hace pensar qué por nuestro esfuerzo propio, podemos ascender socialmente, y que se volvió, sigue siendo, parte del discurso hasta popular del para qué estudiar, es decir, para moverse en la escala social de la organización de la sociedad mexicana.

También es importante mencionar, que se supone al menos así, que una persona que tiene educación formal alta, puede tomar mejores decisiones en la sociedad, por lo que, se busca en la mencionada meritocracia, que la población estudié hasta nivel Superior. Ahí está otra respuesta del para qué de la educación. No sólo formalmente, sino en general, la educación en términos amplios y generales es: una dominación necesaria para una convivencia, que puede ser mejor.

Fuentes: Bibliografía, hemerografía, etc.

Averroes (2011). "Exposición de la "República" de Platón". Tecnos. Clásicos del pensamiento. España. 6ta. Edición.

Bergson, Henri, 1859-1941. ([1973]). "La evolución creadora". Espasa-Calpe. ISBN 84-239-1519-0. OCLC 4315. Consultado el 16 de junio de 2020.

Beuchot, Mauricio (2017). "Perspectivas hermenéuticas". Ciudad de México: Editorial Siglo XXI.

Beuchot, Mauricio (2005). "Interculturalidad y derechos humanos". México: Editorial Siglo XXI: UNAM.

Beuchot, Mauricio (1997). "Tratado de hermenéutica analógica. Hacia un nuevo modelo de la interpretación". México: UNAM 5ª. Edición.

Blancarte, Roberto (2017). "Para entender. El Estado Laico". Ciudad de México: Producciones Sin Sentido Común, S. A. de C. V. Nostra Ediciones.

Cortina, Adela (1993). "Concepto de derechos humanos y problemas actuales. En derechos y libertades". Revista del Instituto Bartolomé de las Casas, núm. 1.

De Sousa Santos, Boaventura (2009). "Una Epistemología del Sur. La reinvención del conocimiento y la emancipación social". Buenos Aires: Siglo XXI Editores, CLACSO.

Engels, F. (2014). "El Anti-Dürhing. La Revolución de la ciencia por el señor Eugen Dühring". Fundación Federico Engels. Madrid.

Foucault, Michel (1979). "Historia de la sexualidad. 1. La voluntad de saber". España: Siglo XXI 5ª edición.

Habermas, J. (2000). "Aclaraciones a la ética del discurso". Madrid: Trotta.

Habermas, J. (1997). "Facticidad y validez. Sobre el derecho y el Estado Democrático de Derecho en términos de teoría del discurso". Madrid: Trotta.

Habermas, J. (1987). "Teoría de la acción comunicativa". Cuarta edición. Madrid: Tauros.

Horkheimer, Max (2000). "Anhelo de justicia. Teoría crítica y religión". Madrid: Trotta.

Jung, Carl G. (1981). "Simbología del espíritu". Primera reimpresión. México, D. F.: Fondo de Cultura Económica.

Kant, Immanuel (2020). "El conflicto de las facultades". Madrid: Edición de Roberto R. Aramayo, Alianza Editorial.

Kant, Immanuel. "Crítica del Juicio". en la Biblioteca Virtual Miguel de Cervantes. (ed. 1876, en castellano, traducción del francés de Alejo García Moreno y Juan Rovira).

Marcuse, Herbert (1985). "El hombre unidimensional". México: Obras Maestras del Pensamiento Contemporáneo/Editorial Artemisa, S. A. de C. V.

Onfray, Michel (2019). "Decadencia. Vida y muerte de Occidente". Ciudad de México: Ediciones Culturales Paidós.

Onfray, Michel (2018). "Cosmos. Por una ética sin moral". Ciudad de México: Ediciones Culturales Paidós

Onfray, Michel (2006). "Tratado de ateología". Barcelona: Anagrama

Poulat, Émile (2012). "Nuestra laicidad pública". México: F. C. E.

Rodríguez Magda, Rosa María (2004). "Transmodernidad". Barcelona: Anthropos Editorial.

Soheil M. Afnan (2021). "El pensamiento de Avicena". F. C. E. Breviarios. Ciudad de México, 3era. Reimpresión.

Weber, Max (2021). "Política y ciencia". Buenos Aires: Biblioteca Virtual Omegalfa. Fuente Editorial La Pléyade p. 52-53.

www.ingramcontent.com/pod-product-compliance
Lightning Source LLC
Chambersburg PA
CBHW050817160726
48004CB00002B/882